www.ingramcontent.com/pod-product-compliance
Lightning Source LLC
Chambersburg PA
CBHW072056280526
45788CB00006B/2306
* 9 7 8 1 0 9 5 2 2 4 8 7 8 *